DE LA, CONSTRUCTION

DES

ÉDIFICES PUBLICS

SANS L'EMPLOI DU FER.

V. 1510.
II.

9003

DE LA CONSTRUCTION

DES

ÉDIFICES PUBLICS

SANS L'EMPLOI DU FER,

ET

QUEL EN DOIT ÊTRE L'USAGE

DANS LES

BATIMENS PARTICULIERS.

PAR CHARLES-FRANÇOIS VIEL;

ARCHITECTE DE L'HOPITAL GÉNÉRAL, DE LA SOCIÉTÉ LIBRE DES
SCIENCES, LETTRES ET ARTS DE PARIS.

DE L'IMPRIMERIE DE H.-L. PERRONNEAU.

A PARIS,

Chez J.-J. FUCHS, RUE DES MATHURINS.

AN XI. — 1803.

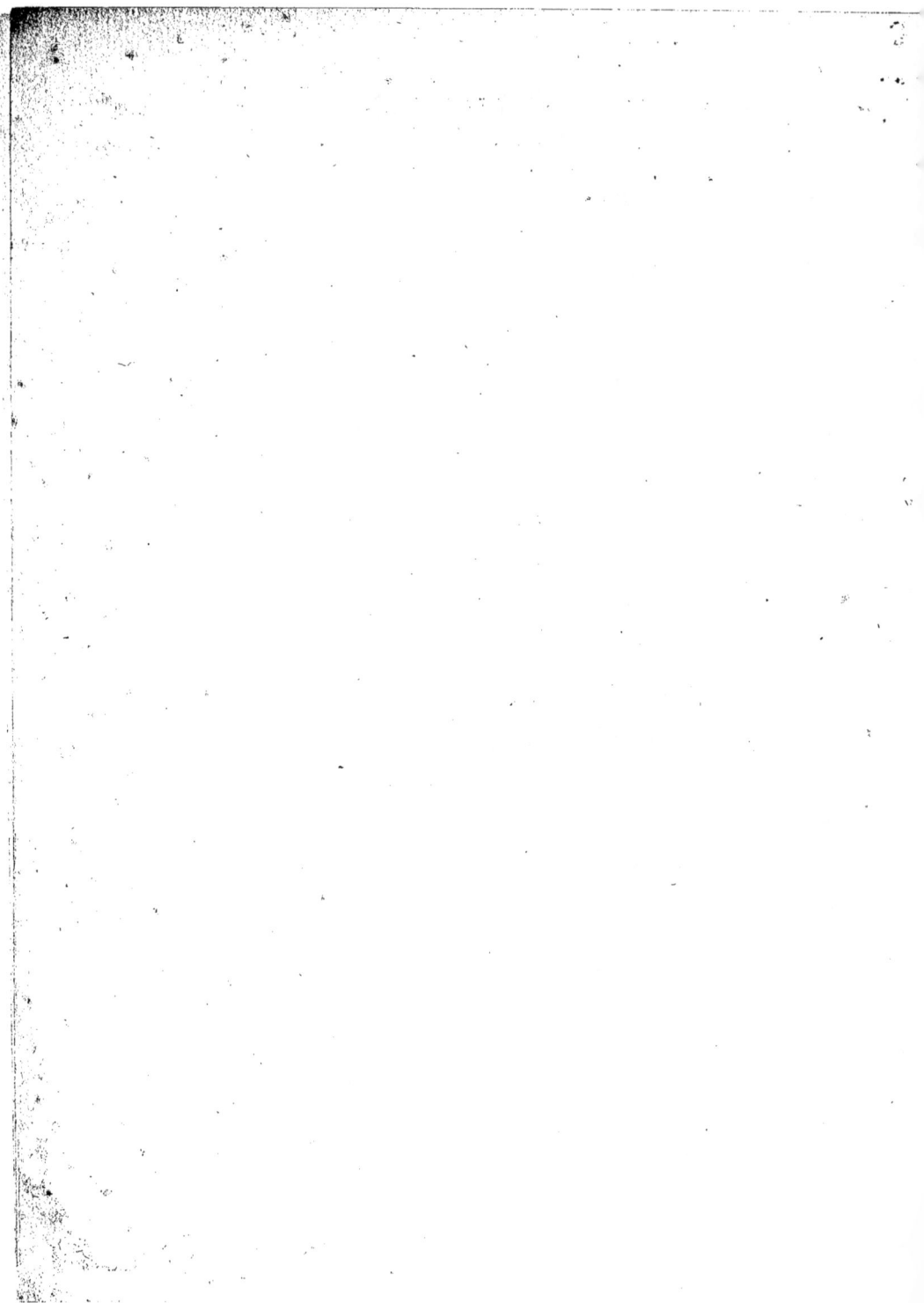

DE L'EMPLOI DU FER

ET

DE SES EFFETS

DANS LA

CONSTRUCTION DES BATIMENS (*).

———————

Après-avoir fait connoître la nécessité de la science de la construction, et les causes de l'abandon dans lequel cette partie essentielle de l'architecture est tombée de nos jours (1); après avoir démontré les inconvéniens de l'usage des points-d'appui indirects dans les bâtimens (2), je vais traiter de l'emploi du fer et de ses effets. Les dissertations suivantes feront d'autant mieux juger le besoin indispensable pour tout architecte jaloux de sa réputation, de ne rien édifier sans avoir fait l'examen le plus rigoureux de ses compositions, et de s'être assuré si elles doivent s'exécuter ou par la force naturelle des masses de ses plans, ou par les moyens secondaires des points-d'appui indirects, de la coupe des pierres (3) et des ar-

(*) Discours lu à la séance publique de la Société libre des sciences, lettres et arts de Paris, le 9 germinal an **X**.

Le Journal des Bâtimens civils en a fait mention le 13 du même mois, n°. 166, p. 67.

(1) Décadence de l'architecture à la fin du 18°. siècle.

Publiée en 1800.

(2) Des points-d'appui indirects dans la construction des bâtimens.

Publié en 1801.

(3) Principes de l'ordonnance, etc.

Première partie, ch. **XXXIV**, p. 199.

Des dangers et de l'abus de la science du trait.

matures en fer. C'est ainsi qu'il évitera les angoisses que causent les erreurs faites en construction, et le mépris qu'elles appellent sur leurs auteurs. C'est ainsi qu'il rendra nul le reproche qui est adressé publiquement aux architectes, qu'ils sont :

« UNIQUEMENT occupés de la décoration et de la forme extérieure, de laisser aux appareilleurs la recherche des moyens de construction et de solidité. »

CE reproche, il est vrai, a le tort d'être généralisé; et si je l'ai fait moi-même, dans le premier chapitre de cet ouvrage, j'ai désigné les architectes auxquels il peut être appliqué.

LES anciens, modèles toujours à citer lorsqu'il s'agit de règles capables de diriger efficacement les productions du génie dans tous les genres ; les anciens n'ont jamais eu recours aux moyens indirects, ni fait remplir au fer une fonction principale dans la construction des bâtimens. Ce n'est que depuis le renouvellement des arts que les architectes ont mis en œuvre cette matière pour concourir à la solidité ; et depuis vingt ans, le fer est employé comme puissance absolue dans tous les monumens de l'espèce d'ordonnance mesquine et gothique, qui a maintenant la préférence sur la belle architecture (1).

LES édifices antiques ne sont point consolidés par des chaînes, des ancres, des linteaux, ni des chassis de fer; l'on y rencontre seulement de simples goujons ou des crampons, les uns semés dans les murs entre les lits des pierres, les autres entre les carreaux et les boutisses qui les composent. Telle est notamment la construction appelée *revinctum* (2), alliage de pierres d'appareil avec des blocages

(1) Premier chapitre de cette seconde partie.

(2) Vitruve, liv. II, ch. VIII, p. 40.

Perrault, dans sa traduction, emploie ce mot, note première, pour désigner le troisième genre de maçonnerie.

intermédiaires. C'est pourquoi Vitruve, qui traite des diverses qualités des matériaux : la chaux, le sable, la brique, la pierre et le bois (1); qui donne des leçons sur l'usage et les combinaisons variées dont ces matières sont susceptibles; Vitruve ne parle point de l'usage des chaînes de fer dans les bâtimens.

LA différence en général qui existe entre la manière de construire des anciens et celle des modernes, consiste dans les caractères suivans. Les premiers ont constamment adopté la même espèce d'architecture ; ainsi les plans de leurs bâtimens sont tous composés de formes rectilignes ou curvilignes pures, combinées dans des rapports prononcés et les plus heureux. De là, unité dans l'ordonnance, unité dans la construction, et une force réelle dans les corps entiers de l'édifice. A ces avantages se réunit l'emploi de matériaux les meilleurs et d'un grand échantillon, d'où il résulte un appareil simple et le plus solide. Les aqueducs, les égoûts, les ponts, les thermes, les théâtres, les temples des Grecs et des Romains, sont la preuve de cette perfection.

LES modernes, au contraire, se sont livrés à une foule de systêmes (2) dans la composition des bâtimens dont la forme des plans est souvent rectiligne, curviligne et anguleuse tout ensemble, et dont les masses sont tantôt trop fortes, tantôt légères, sans mesure ; d'où a résulté la variété de leurs constructions, dans lesquelles d'ailleurs les matériaux ne sont pas choisis avec assez de soin, et l'appareil souvent trop compliqué. Les deux extrêmes que je reproche aux modernes, se reconnoissent dans les temples de St.-Sulpice et du Panthéon à Paris. Le premier est toute maçonnerie dans le corps principal; le second n'a pas les masses nécessaires dans

(1) Livre II , chapitres III , IV , V , etc.

(2) Principes de l'ordonnance, etc., première partie. Chapitres VIII, IX, X, etc.

son plan général. Ses murs d'enceinte ont été renforcés près des piliers du dôme, qui eux-mêmes doivent l'être, malgré tous les efforts des défenseurs de leur force spécifique (1). La construction de St.-Sulpice n'exigeoit pas les armatures en fer qu'on a employées dans toutes ses parties. La construction entière du Panthéon étoit inexécutable sans ce moyen secondaire.

Pour rendre plus sensibles ces dissertations sur l'emploi du fer dans les bâtimens modernes, je le considérerai appliqué aux parties où il est devenu indispensable par la nature de leur appareil et l'espèce des matériaux mis en œuvre. Je veux parler de la construction des plates-bandes dans les péristyles et les portiques. Je les mettrai en parallèle avec celles des anciens, ensorte que la thèse que je soutiens en deviendra d'autant plus claire et plus instructive.

Lorsqu'on étudie la structure des péristyles des temples d'Erecthée et de Minerve à Athènes (2), celle des péristyles des temples de la Concorde et de Jupiter-Stator à Rome (3); ces édifices construits dans des lieux très-distans les uns des autres, et à des époques différentes entre elles, de quatre cents ans, tiennent tous au même système de bâtir; ils ont leurs architraves d'un seul morceau dont les joints sont dans l'axe des colonnes. Le poids agit verticalement, les points d'appui sont directs; un tel appareil n'opère aucune poussée, nul besoin d'armatures pour contenir l'écartement, nul besoin de soutenir par des linteaux de fer, la masse des plates-bandes.

---

(1) Principes de l'ordonnance, etc. Première partie. Chapitres **XXXVI**, VII, VIII, etc. Moyens pour la restauration des piliers, etc. Publiés en 1797. Plans et coupes, etc.

Publiés en 1798.
(2) Monumens de la Grèce, par David Le Roi.
Les mêmes, par Stuart et Revett, ouvrage intitulé : *THE antiquities of Athens.*
(3) Antiquités de Rome, par Desgodets.

Si

Si l'on passe ensuite à l'examen de la construction du portique du Panthéon-Français ; si l'on consulte celle des péristyles du Louvre et de la place de la Concorde à Paris (1), l'on voit dans ces divers monumens l'architrave appareillée par claveaux. Dans tous, le poids agit horisontalement, les points-d'appui sont indirects, et les plates-bandes ont la plus forte poussée; ce qui rend le secours du fer plus ou moins nécessaire selon la nature de leurs plans respectifs.

Ce parallèle fait connoître que les plates-bandes des péristyles des anciens ne sont construites que d'une seule matière et d'espèces inaltérables en quelque sorte, le marbre, le granit ou la pierre la plus dure; tandis que celles des modernes sont composées de matières de natures différentes, le fer et la pierre. Dans les premiers, toutes les parties constituantes sont dans un état d'inertie absolue; dans les seconds, la construction est soumise à un mouvement inévitable lors de la décomposition de l'une des deux matières, laquelle provoque toujours celle de l'autre; ensorte que les mêmes principes de la force de ces constructions deviennent ceux de leur ruine. Les effets que j'ai constatés dans des monumens les plus remarquables, la colonnade du Louvre et la porte St.-Denis, vont être la preuve de ce que j'avance contre l'emploi des fers.

Mon intention, en choisissant les chefs-d'œuvre de l'art, dignes de l'admiration de quiconque est capable de juger l'harmonie de ces grandes productions de l'architecture; mon intention, en citant les dégradations causées par leurs armatures, est de faire sentir combien le sujet que je traite est important. Je veux d'autant plus déterminer les architectes qui érigeront désormais des monumens publics, à préférer l'appareil des anciens, et conséquemment à ne point avoir

(1) L'origine de la colonnade du Louvre remonte à 130 ans; celle du péristyle de la place ci-devant Louis XV date de nos jours.

Ces deux péristyles sont absolument semblables dans l'appareil de l'architrave et de la frise; ces parties de l'entablement sont construites par claveaux.

B

recours aux armatures en fer qui peuvent causer les effets les plus destructeurs.

IL est constant que les plates-bandes de l'entablement du péristyle du Louvre, près de l'avant-corps du centre de la façade, ont leurs claveaux éclatés, effet de la rouille des fers des armatures (1). Il est constant que l'architrave de l'entablement qui couronne la porte St.-Denis, est ruinée à chaque extrémité par la rouille des chaînes et des ancres qui sont maintenant à découvert. Le spectateur est affligé de voir les parties les plus précieuses de ces beaux édifices ainsi mutilées.

SI deux linteaux en fer, encastrés dans la moulure du sophite de l'architrave de la colonnade du Louvre qui en font l'unique armature, ont causé néanmoins des accidens aussi graves dans ce monument, que ne doit-on pas craindre des armatures compliquées et mises en œuvre avec profusion dans des bâtimens publics qui n'ont pas les avantages des premiers dans les masses de leurs plans? Tels sont plusieurs de ceux érigés vers la fin du dix-huitième siècle, et dont le Panthéon-Français doit, sous ce rapport, fixer le plus notre attention.

LA nature de mon sujet exige que je donne quelqu'étendue aux observations qu'a fait naître la structure extraordinaire des parties principales de cet édifice, et le portail en sera l'objet spécial. Je serai d'autant plus aisément entendu, que la gravure a mis entre les mains du public les dessins les plus exacts de sa construction, lesquels dé-

(1) Cet avant-corps a été longtems masqué, dans toute sa hauteur, par des échafauds de charpente qui ont été démolis il y a trente-cinq ans. Alors les conduits d'eau des terrasses ont éprouvé de longs engorgemens, et les eaux pluviales se sont insinuées dans l'entablement construit en pierre tendre de St.-Leu.

Voir sur les espèces de pierres employées dans cette construction, les fragmens dessinés par François Blondel, et dédiés à M. de Marigny.

veloppent l'enchaînement complet de la pierre avec le fer dans l'entablement, le fronton et les voûtes qui en dépendent (1).

J'ai rendu hommage, en traitant de l'ordonnance (2), à l'invention du plan de ce temple, qui tient le premier rang parmi les édifices du siècle dernier, construits en Europe. J'ai donné dans ce volume, comme exemple à suivre, la construction de ses fondemens; mais je dois à la sévérité des principes de l'art de bâtir, les détails suivans.

Le portique du Panthéon rappelle, par l'unité de l'ordre qui le compose, la manière des anciens. Mais le grand espacement de ses colonnes (3), en lui ôtant les plus beaux effets qu'il devroit produire, a forcé l'architecte, d'abord, d'altérer la proportion de l'entablement, en ne lui donnant que le cinquième de sa hauteur, au lieu du quart; ensuite, pour son exécution, d'employer des moyens secondaires et indirects, ensorte que sa construction en est devenue gothique.

En effet, l'architrave de ce péristyle est refouillée en forme de caisse dans son épaisseur; un arc, segment de cercle, dont la corde est établie au-dessus de chaque entre-colonnement vers la moitié de sa hauteur, embrasse les deux tiers de celle de la frise, et ses claveaux pénètrent dans les premiers membres de la corniche. Le tympan du fronton renferme cinq autres arcs, celui du milieu est ogif, les quatre autres sont rampans, et leur naissance est de ni-

---

(1) Recueil publié par Dumont, en 1781.

Cet artiste estimable et laborieux qui, âgé de 78 ans, dessinoit encore, a tout fait pour célébrer Soufflot son ami, en faisant graver un grand nombre de dessins du temple de Ste-Geneviève.

(2) Principes de l'ordonnance, etc. Première partie.
Chap. XXXI, p. 190.
(3) Principes de l'ordonnance.
Première partie.
Chap. XXXVIII.
Note première, p. 172.

veau avec le larmier de la corniche ; le vide en est rempli par de simples languettes en pierre. Trois voûtes couvrent le péristyle ; l'une au centre et d'une courbe surbaissée , embrasse trois entre-colonnemens qui leur servent de pignon , ainsi que le mur du temple (1). Les deux autres voûtes en plein-ceintre , unies à la première par des lunettes , couronnent à chaque extrémité du portail le dernier entre-colonnement , dont le groupe de huit colonnes , en y comprenant les deux qui forment un arrière-corps , composent les culées de cette fabrique faite toute en pierre tendre. Une telle construction exigeoit impérieusement le concours d'une seconde puissance , dont voici la nature et l'espèce.

UNE chaîne de fer est établie à l'origine du segment de cercle de chaque entre-colonnement sur la face et sur les retours du péristyle ; elle enfile deux claveaux dans l'axe des plates-bandes de l'architrave, lesquels ne sont point refouillés comme les autres et distans d'un sixième du nu des colonnes. Cette chaîne est saisie à ses extrémités par un tiran oblique , que fixe un ancre voisin de l'axe des colonnes et placé dans la frise ; cet ancre est uni à un autre, en tout semblable en dimensions et de position par une entre-toise vers son milieu. De plus , sur l'architrave règne une autre chaîne à-plomb de la première , que soutiennent, comme deux tasseaux, les claveaux pleins , retenue par un ancre qui descend à moitié de la hauteur du chapiteau , et s'élève d'une foible quantité dans la frise. Ensuite, deux chaînes dans le même plan que la précédente , posées sur les bords du refouillement fait dans l'architrave , portent chacune quatorze T encastrés dans les douze claveaux et dans la clef qui composent chaque plate-bande. A-plomb de ces mêmes chaînes, et sous le lit de la dernière assise de la corniche, deux autres s'enlacent avec des tirans peu inclinés, placés à un quart de l'axe de l'entre-colonnement où s'attachent les premières. Indépendamment, une septième

(1) Cette voûte a 58 pieds de diamètre, et 17 pieds de montée.

chaîne, posée à la naissance des cinq arcs qui construisent le fronton, supporte vingt-six T dans la longueur du péristyle et encastrés dans l'assise principale de la corniche; cette même chaîne est dépendante d'une huitième, aussi horisontale, divisée en trois parties et placée au quart de la hauteur du tympan. Une neuvième existe au-dessus de celle-ci, dont la longueur égale l'espacement des colonnes du milieu, et forme un chassis carré avec deux barres perpendiculaires dans le plan des claveaux pleins de l'architrave. Enfin, une dixième et onzième chaînes sont posées sous la cimaise rampante du fronton, soudées à leur rencontre au sommet, fixées à leurs pieds par un ancre dans l'axe de la colonne d'angle et par deux tirans obliques qui concourent à son immobilité. A toutes ces pièces diverses, il faut ajouter des équerres de 8 pieds 3 pouces de branche, liées par deux entre-toises et posées au-dessus de chaque groupe de trois colonnes à l'extrémité du péristyle. Il faut ajouter encore des chaînes latérales, des ancres, des tirans, des supports, des liens particuliers. Telle est la composition des armatures en fer de toutes sortes de calibres, sur lesquelles reposent les destinées du péristyle extérieur du Panthéon Français (1)! C'est également de la force des fers que les péristyles intérieurs tiennent leur solidité principale. C'est de la force des fers que la construction entière du dôme, à compter de son soubassement jusqu'à son lanternon, obtient un grand secours, sur ses bases ruinées et qui sont sous étais aujourd'hui (2).

ENVAIN dira-t-on en faveur de la construction artificielle du portail, que les lois de l'équilibre y sont fidèlement observées; envain l'on soutiendra que les décharges pratiquées dans l'entablement allègent utilement, par les vides intermédiaires, le poids des plates-

(1) Consulter le recueil des planches de Dumont.

Les figures fixeront davantage l'esprit du lecteur que le discours le plus clair. La description des machines, et sur-tout

lorsqu'elles sont compliquées comme celle-ci, est toujours difficile.

(2) En ventôse an X, février 1802, l'on posoit les ceintres de charpente sous la grande voûte de la nef, côté de l'ouest.

bandes, que leur effort qui tendroit à renverser les colonnes d'angles, le même effort est nul par l'action des chaînes ; que leur résistance assure la fonction des T qui portent les claveaux et les maintiennent immobiles dans le plan horisontal qu'ils doivent conserver ; envain, encore, l'on fera valoir le corroiement des fers et les impressions conservatrices qu'ils ont reçues. Je dirai que, malgré les ressources réelles d'un tel mécanisme, malgré toutes les précautions prises pour la solidité de ces péristyles, il n'en est pas moins vrai que les matières de nature différente, le fer et la pierre; que la qualité tendre de celle-ci, la multiplicité de ses parties, les fils qu'elles peuvent contenir, sur-tout leur dépendance avec le fer, qui lui-même peut avoir des défauts naturels ou de fabrication ; le fer, enfin, soumis qu'il est à une dilatation considérable par l'action de la chaleur ; voilà autant de causes qui peuvent devenir les principes les plus actifs de destruction.

La durée du portique du Panthéon dépend donc du maintien de l'équilibre établi entre la pierre et le fer ; et cet état veut que les matières constitutives de la solidité se conservent intactes. Mais le système de construction est tel dans ce monument, que si des négligences d'entretien des terrasses et des combles occasionnoient l'altération de la pierre ou du fer dans les plates-bandes, l'équilibre étant rompu entre ces deux puissances, le péristyle écrouleroit, pas une de ses colonnes ne resteroit sur pied (1). Ces effets, selon notre hypothèse, ne peuvent être contestés. Ils seroient pareils à ceux qui ont eu lieu dans des édifices gothiques, où l'on a cessé d'entretenir les arcs-boutans qui en étoient la force première. L'église des Bernardins à Paris, dont le chapitre précédent a fait connoître les causes de la chute, est un exemple frappant en faveur de mon assertion, parce qu'à

---

(1) Jusqu'alors, une sage surveillance a fait entretenir les joints des dalles des terrasses, des chesneaux et des couvertures ; avec cette précaution, l'édifice se conservera sain et entier ; sans elle, il périroit.

l'instar de cette espèce d'architecture, le frontispice du Panthéon tient toute sa solidité de points-d'appui indirects et de forces secondaires.

SANS doute que l'ouvrage de l'homme doit finir comme lui ; mais s'il n'est point dans son pouvoir d'ajouter une seconde à sa dernière heure, il a celui cependant de donner la plus longue durée à ce qui sort de ses mains. Et tandis qu'un siècle à peine est le terme le plus grand de sa vie, ses ouvrages peuvent être immortels. Les anciens ont atteint ce but utile et digne de leurs grandes conceptions en architecture, car plusieurs de leurs bâtimens verront encore des siècles s'écouler ; et pour ne m'attacher ici qu'à des exemples pris chez les Romains, je dirai que des monumens construits par eux, nous offrent la plus grande solidité, malgré les secousses violentes de toutes les révolutions qui bouleversèrent l'Italie et qui anéantirent tant de chefs-d'œuvre. Quelques-uns, tel le Panthéon ou la Rotonde à Rome, sont restés presqu'intacts jusqu'à nos jours. Or ce temple tient un pareil avantage de ses points-d'appuis directs, de la grandeur de ses formes, de la simplicité de son appareil, enfin de l'excellence de ses matériaux. L'on sait que plusieurs colonnes de l'un des angles du péristyle extérieur furent enlevées : alors, l'entablement et l'assouchement du fronton écroulèrent, seulement de ce côté (1), le reste de l'édifice n'en fut point ébranlé ; il y eut ensuite la possibilité de le restaurer comme on le voit aujourd'hui. Assurément, il n'en seroit pas ainsi au portique du Panthéon de Paris, s'il éprouvoit un semblable échec, toutes les parties de sa construction étant dépendantes les unes des autres, ainsi que je l'ai démontré.

LE rapprochement que je viens de faire entre le système de bâtir

(1) Les édifices antiques de Rome ;   Temples anciens et modernes.
Par Desgodets.   Page 87.
Chap. I, p. 2.

des anciens et celui des modernes , démontre toute la supériorité des premiers sur le prétendu perfectionnement opéré de nos jours dans cette partie de l'architecture ; et le Panthéon étant cité par quelques artistes , comme un modèle de construction , j'ai dû insister sur cet exemple important d'innovation , afin d'éloigner de l'imitation que l'on pourroit en faire pour l'avenir dans les édifices publics.

CE chapitre détrompera sans doute ceux qui reprochent aux anciens d'avoir employé de trop fortes épaisseurs dans les murs des bâtimens, et les jugeroient en conséquence bien inférieurs aux modernes dans la science de bâtir. Ils sauront au contraire, comme je l'ai dit dans le premier chapitre de ce volume, qu'entre les ouvrages des architectes , depuis le renouvellement des arts jusqu'à nous, ceux qui occupent le premier rang sont les édifices qui ressemblent le plus dans leurs constructions à la manière antique, et qui réunissent les mêmes moyens de solidité. En effet, si l'on conçoit le palais du Louvre et des Tuileries placés à Rome au milieu de ses ruines, n'offrant que des vestiges, il seroit impossible, par leur similitude avec les mêmes ruines, de distinguer ces édifices modernes d'avec ceux des anciens, ni dans leur ordonnance, ni dans leur construction.

CES recherches sur l'emploi du fer dans les bâtimens , attestent que l'architecture ne se ploie pas impunément pour la solidité au gré de celui qui l'exerce. L'ignorant invoqueroit envain , pour défendre les vices de ses constructions, le droit d'avoir son opinion , comme il le fait sans fondement en faveur de ses compositions déréglées. Les tassemens, les ruptures, les déchiremens, les déviations du centre de gravité qu'elles offriroient, le condamneroient sans appel. Les mêmes recherches démontrent encore que les sciences exactes ne peuvent suppléer efficacement au défaut des masses dans les plans d'un édifice , et que tout appareil scientifique dans la coupe des pierres n'est qu'un jeu entre les mains de l'homme un peu versé

dans

dans les mathématiques, dont les résultats dans la pratique ne sont que des tours de force et des palliatifs dangereux. Elles prouvent enfin, ces recherches, qu'il faut en revenir à la manière des anciens dans la construction, si nous voulons que nos bâtimens publics existent encore après vingt siècles; qu'il faut ne pas nous arrêter à ces déclamations du jour, par lesquelles l'on veut soutenir :

« QUE les anciens n'avoient pas de principes bien certains ni bien géométriques pour assurer la solidité de leurs édifices. »

IL faut, au contraire, s'attacher uniquement aux grands principes de l'art dont les anciens sont les auteurs. Rejetter à leur exemple l'emploi du fer ; s'interdire la manière de certains constructeurs systématiques pour lesquels les formes gothiques, les points-d'appui indirects ont tant d'attraits, et qui, par suite, ont une prédilection particulière pour les armatures en fer (1). Mais comme il ne suffit pas, pour les progrès de la science, de condamner une méthode vicieuse, je donnerai, dans les discours suivans, les moyens propres au remplacement du fer dans les constructions.

(1) Je m'interdis de citer à l'appui de cette réflexion, un monument construit il y a 3o ans, d'après les calculs les plus étendus, et dans lequel le fer joue le plus grand rôle.

Il a manqué au génie du savant qui en est l'auteur d'être éclairé par l'étude de l'architecture antique.

C

CONSTRUCTION

DES ENTABLEMENS ET DES PLAFONDS

SANS

L'EMPLOI DU FER (*).

————

Ce n'est pas un respect idolâtre pour l'architecture antique qui me fait l'offrir en tout comme modèle ; c'est la connoissance des grandes qualités qui la distinguent sous le double rapport de l'ordonnance et de la construction, qualités dont certains détracteurs que j'ai signalés, osent ternir l'éclat aujourd'hui (1). Ces écrivains présomptueux, fiers de leurs méthodes algébriques, paroissent ignorer combien de fois sont en défaut leurs calculs, lorsque passant de la théorie à la pratique, ils veulent exécuter physiquement ce qu'ils ont combiné la plume à la main. Mais entre ces mêmes détracteurs, aucun de ceux qui exercent l'état d'architecte, ne peut se mesurer avec les grands hommes de l'antiquité dans l'art de bâtir, bien loin de les avoir surpassés en perfection dans ce qu'ils ont construit. Cependant, comme la fausse doctrine de ces novateurs

(*) Ce discours a été lu à la Société libre des sciences, lettres et arts de Paris, les 27 brumaire et 4 frimaire an XI, en séances particulières.

(1) Décadence de l'architecture à la fin du dix-huitième siècle, pages 25, 26, 27 et 28.

et les exemples dangereux dont ils veulent l'appuyer pourroient éga-
rer ceux qui se livrent à l'étude de la construction, il est utile de
rappeler les élèves à celle des anciens, dont l'imitation complette
est praticable en France, dans les édifices publics.

IL est certain, pour me renfermer ici dans une partie spéciale de
la construction, et l'une des plus difficiles de l'architecture; il est
certain qu'en comparant l'état sain encore des plates-bandes et des
corniches de monumens construits plusieurs siècles avant l'ère vul-
gaire, avec l'état déja mutilé des entablemens de la plupart de nos
bâtimens; il est certain, dis-je, qu'il n'y a pas à balancer d'abandonner la manière pauvre des modernes, l'appareil des plates-bandes
par claveaux et des plafonds par voussoirs, et d'adopter exclusivement celle des blocs de pierre, manière simple, grande et forte
qu'employoient les anciens.

JE distinguerai les constructions en deux classes différentes : celles
du premier rang et celles du second rang. Les unes appartiennent
aux bâtimens publics, les autres aux bâtimens particuliers.

CETTE distinction établie, je traiterai dans ce chapitre, de la construction des plates-bandes, des plafonds et des entablemens des édifices de la première classe sans l'emploi du fer.

POUR arriver avec succès au but que je propose, quatre conditions
se présentent.

LA première assigne au module le plus grand d'un ordre, 6 pieds (1);
au module le plus foible, 18 pouces (2).

(1) Les colonnes du portail du Pan-   (2) Les colonnes du premier ordre des
théon-Français ont 5 pieds 6 pouces.   façades de la cour du Louvre ont 2 pieds.

LA seconde fixe les espacemens des colonnes au picnostyle, au sistyle et à l'eustyle, toutes les fois qu'elles sont isolées des murs environnans.

LA troisième exige que les colonnes d'angles, dans tout avant-corps, aient un diamètre plus fort et un espacement plus serré que les intermédiaires dans une même façade.

LA quatrième veut que le choix des matériaux soit fait avec le soin le plus scrupuleux, et dans leurs espèces et dans leurs échantillons.

VOILA les moyens sûrs que l'architecte attentif découvre dans les monumens érigés aux plus beaux siècles de l'antiquité. Voilà les lois avec lesquelles nous construirons aisément les plates-bandes, les plafonds et les corniches à la manière des anciens, sans avoir recours au fer.

JE ne pense pas que l'on oppose contre la première des conditions que j'établis, qu'elle asservit le génie de l'artiste; car, si on la condamne, dans ce cas, une colonne peut avoir 20 pieds de diamètre ou 3 pouces seulement. Mais dans tout il y a une mesure, et celle que j'adopte sera préservatrice contre les dimensions colossales des ordres employés par les Egyptiens, qui en ont fait de 12 pieds de grosseur, et contre les dimensions naines des colonnes gothiques dont plusieurs n'ont que 6 pouces de diamètre et moins encore. Cette mesure, de plus, a le double avantage d'être en rapport avec l'organisation de notre vue qui est également blessée par les deux extrêmes, et de rendre possible le choix des matériaux d'élite et des échantillons nécessaires. La nature a posé des bornes dans les dimensions et les qualités des pierres qu'elle produit, et dès-lors contre les écarts de l'imagination dans l'exécution des bâtimens. Ainsi Maderno, après avoir donné 9 pieds au diamètre de l'ordre corinthien du portail de St.-Pierre à Rome, altéra les proportions de l'entablement, par l'impossibilité de trouver des pierres d'un échantillon capable de fournir à la saillie de la corniche.

TELS sont les motifs qui me font fixer à 6 pieds le module le plus grand d'un ordre.

LA seconde et la troisième des conditions qui suivent, l'une les espacemens serrés entre les colonnes des portiques, l'autre l'augmentation du diamètre de celles des angles saillans ; ces conditions sont évidemment fondées. Elles imposent une sage répartition des points-d'appui directs ; elles assignent un accroissement nécessaire à ceux qui soutiennent la plus grande charge , et procurent ainsi une force complette à toutes les parties de la construction. Ce n'est pas tout ; elles produisent en même tems les plus belles proportions dans l'ordonnance des péristyles.

QUANT au choix des matériaux , qui est la quatrième et dernière des conditions , il consiste en ce que les pierres soient de grandes dimensions, de l'espèce la plus dure et de la qualité la plus saine ; c'est-à-dire, n'ayant ni moyes, ni fils, ni terrasses, ni bouzin. Cette condition, aussi indispensable que les premières, est tellement essentielle , que ce seroit envain que l'on auroit satisfait aux unes , si on négligeoit celle-ci. La raison en est claire , elle n'exige aucun développement.

MAINTENANT , voyons comment l'architecte, selon ces principes , construira les plates-bandes , les entablemens et les plafonds des péristyles de nos édifices publics.

L'ARTISTE , après avoir consulté les localités ainsi que les moyens de finances dont il pourra disposer, choisira exclusivement la pierre de roche , le grès , le granit ou le marbre. Un morceau unique de l'une de ces espèces composera chaque travée de l'architrave, dont les extrémités reposeront sur la demi-épaisseur des colonnes ; et la frise, également d'un morceau, s'appuiera sur des sommiers établis au-dessus des chapiteaux et couvrant les joints de l'architrave; la corniche sera faite aussi de grands échantillons et de la même espèce de pierre.

TELLE est la construction du plus beau des fragmens antiques, celui du temple de Jupiter-Stator à Rome. Si ce portique eût été appareillé par claveaux, sa sublime composition auroit disparu depuis des siècles.

UN autre exemple, quoique d'un appareil différent, précieux à citer, et à l'appui des moyens que je propose, est le péristyle du temple de la Concorde, hors les murs de Spoleto en Italie.

ICI une seule pierre dans la hauteur de l'architrave reposé, dans son milieu, sur chaque colonne ; et dans l'axe de l'espacement, une forte clef qui embrasse jusqu'à la corniche, élégie dans sa partie supérieure vers le milieu de la frise, fait le lien commun des plates-bandes. Une seule pierre, dans la hauteur de la frise, occupe l'espace entre chaque clef. Le motif d'une pareille construction, de la part de l'architecte, a été sans doute, ne pouvant se procurer des pierres de longueur suffisante, de ne pas sacrifier les principes de la vraie solidité (1).

MAINTENANT, selon les mêmes principes, la construction des plafonds dans les péristyles, consistera en un seul bloc, si l'ordre est d'un module moyen ; en deux ou trois morceaux, si le module est plus ou moins grand. Dans le premier cas, une coupe de 3 ou 4

(1) L'architrave et la frise sont en pierre très-dure, dite de Travertin ; la corniche et les colonnes sont en marbre.
Je dois les détails de ce fragment anti-que à M. Vaudoyer, architecte des bâtimens publics, recueillis sur les lieux mêmes, lors de son séjour en Italie.

pouces fera tout l'appareil du plafond avec l'architrave de face et celle opposée ; il aura d'ailleurs , pour soutien principal , la demi-épaisseur des deux architraves perpendiculaires aux premières. Le même appareil aura lieu dans les autres cas , pour les plafonds de dimensions supérieures.

Ce genre de construction des entablemens et des plafonds l'emporte de beaucoup en solidité sur celui de nos péristyles , dont les architraves , les frises , les corniches et les plafonds sont en pierre tendre , de petites dimensions , tranchées de plus par des barres de fer qui concourent à leur destruction.

Mais si un architecte doit ériger un édifice qui ne soit pas décoré de colonnes , il donnera également tous ses soins à la construction des entablemens. Elle sera faite en totalité de pierres dures , de grandes dimensions et de la meilleure qualité ; mieux encore , de grès , de granit ou de marbre. Par ce moyen , les assises auront dans leurs masses une assiette capable de résister à tout mouvement horisontal ou d'écartement , effet qui dépare un trop grand nombre de nos bâtimens publics. Par là aussi , les joints verticaux seront plus rares , et la filtration des eaux dans les murs plus difficile et moins destructive.

L'exemple que j'offre à imiter à ce sujet , est l'amphithéâtre de Nîmes , dont les pierres qui le couronnent ont 20 et 25 pieds de long, 8, 9 et 10 pieds de large , et 2 pieds 6 pouces d'épaisseur. L'entablement du dernier ordre du Colisée à Rome , quoique construit avec de grandes pierres , le cède aux dimensions de celles du monument de France. Si la corniche et le socle supérieur de la porte St.-Denis eussent été construits avec des pierres semblables , cet arc de triomphe , chef-d'œuvre de l'art , seroit encore en son entier au lieu d'être mutilé dans ses profils , dégradations que j'ai décrites en traitant de 'emploi du fer et de ses effets.

Nos monumens publics construits selon le genre que j'indique, indépendamment de la longue durée qu'ils obtiendront dans leurs masses, dans leurs moulures, parties les plus délicates et les plus exposées aux injures de l'air, réuniront l'avantage de n'être plus restaurés à grands frais comme vient de l'être le palais du Luxembourg. Si Desbrosses, cet architecte habile, eût construit ses entablemens en même qualité de pierre que celle des ingénieux gradins qui encadroient son parterre, les profils harmonieux de ses façades, qu'il a tracés de sa propre main, existeroient encore. Le Louvre lui-même est exposé à de semblables restaurations dans l'achèvement qui paroît devoir s'effectuer de nos jours. Je citerai aussi à ce sujet la chapelle du château de Versailles, construction qui a été traitée avec soin. Ce monument précieux sous bien des rapports, annonce dans son entablement entier une destruction prochaine, si les chesneaux supérieurs, négligés depuis douze ans, ne sont point incessamment réparés. Déja plusieurs des chapiteaux-pilastres sont décomposés (1). Pourquoi ce même entablement n'a-t-il pas été construit en pierre de liais, et par morceaux d'échantillons, au lieu d'être en pierre tendre. La réparation en seroit bien plus facile et moins dispendieuse.

J'entends déja m'opposer l'impossibilité d'avoir les pierres de qualités et de dimensions à volonté, comme les ont obtenu les Grecs et les Romains,

Je répondrai à une objection aussi générale, que les architectes qui construisoient à Rome aux siècles de sa splendeur, n'avoient point de plus grandes ressources dans son territoire, que celui de Paris peut nous en procurer. Nous jouissons, au contraire, de plus d'avantages qu'eux en ce genre. Toujours est-il vrai que les pierres des carrières des alentours de Rome, étoient semblables en

(1) J'ai constaté cet état au mois de mai 1802, an X.

qualités

qualités à celles que produit le sol de Paris et de ses environs (1).

VITRUVE s'explique ainsi sur cette matière :

« IL faut, dit-il, parler des carrières d'où on tire les gros quartiers et le moellon pour bâtir. Toutes les pierres ne sont point d'une sorte, car il y en a de tendres comme les rouges d'autour de Rome, et celles qu'on appelle palliènes, fidenates et albanes : d'autres sont médiocrement dures, comme celles de Tivoli ; celles-ci résistent bien à la charge et aux injures de l'air, mais non pas au feu qui, pour peu qu'il les touche, les fait éclater (2). »

LE chapitre dont j'extrais ce passage seroit, presque dans son entier, applicable à nos carrières de Paris. Les pierres de Rome, comme les nôtres, étoient calcaires puisqu'elles éclatoient au feu, et comme elles se décomposoient à l'action de l'air, chargé de l'esprit de sel marin. *La salure les rongeoit*, dit notre auteur. Il nous apprend aussi que les motifs d'économie les faisoient employer dans des bâtimens ordinaires.

« MAIS parce que les carrières de pierres rougeâtres, poursuit Vitruve, celles de palliènes, sont fort proches de la ville, et qu'il est fort aisé d'avoir de leurs pierres, on est contraint de s'en servir. »

IL n'en étoit pas ainsi pour les monumens que les Romains vouloient faire indestructibles. Ils avoient recours à des lieux éloignés qui produisoient les pierres dures et de qualités supérieures.

(1) L'on sait que les faubourgs St.-Jacques, St.-Marcel et St.-Germain sont excavés ; que leurs carrières ont fourni les matériaux des grands monumens qui sont érigés à ces mêmes extrémités de la ville, le Luxembourg, le Val-de-Grace et l'Observatoire.

Les pierres qui construisent ces édifices, sont plus ou moins dures ; elles sont calcaires et ne peuvent résister au feu.

(2) Livre II, chap. VII, p. 39.
Traduction de Perrault.
Paris, 1673.

D

« Il y a d'autres carrières, ajoute encore Vitruve, dans le territoire des Tarquiniens, qu'on appelle anitiennes...., dont il se fait
un grand amas auprès du lac de Balsme et dans le gouvernement
statonique....; en sorte que si ces carrières étoient plus proches de
Rome, on n'emploieroit point d'autres pierres pour tous les ouvrages. »

Ce que nous apprend ici Vitruve, est d'accord avec ce que mes
recherches particulières sur cet objet intéressant m'ont confirmé.

Il existe à soixante-quatorze lieues de Rome, et à deux lieues
est-nord de Carara (1), des montagnes dites les carrières des Romains. L'on y voit encore aujourd'hui une quantité de matériaux,
dont la couche épaisse, imprimée par la main du tems sur leurs
surfaces, annonce que leur exploitation remonte à plusieurs siècles.
Ce sont des blocs de marbre, les uns bruts, les autres dégrossis; ce
sont des fûts de colonnes d'un seul morceau, de 3 et 4 pieds de
diamètre; des bases et des chapiteaux ébauchés. La tradition du
pays est que ces carrières étoient celles où les Romains prenoient
les marbres qu'ils employoient dans leurs plus beaux édifices (2).

(1) Carrare, petite ville d'Italie, en Toscane, remarquable par ses carrières de marbre. Elle est située sur une colline au pied de l'Appennin, distante de 24 lieues de Florence.

Les carrières actuelles de Carrare sont au nord, distantes d'une lieue seulement. Elles fournissent les marbres blancs statuaires, les blancs veinés, le bleu tarquin et le noir.

(2) Ces détails curieux m'ont été communiqués par le statuaire célèbre, Charles-Antoine Bridan. Cet artiste a vécu 2 ans et demi à Carrare, pour y diriger l'exploitation des marbres du groupe de l'Assomption, qu'il a exécuté en 1770 dans la cathédrale de Chartres.

Morceau de sculpture l'un des plus importans qui existe en France.

Le même artiste est l'auteur de la belle figure du Vulcain, en marbre, qui décore le jardin du Luxembourg. Il a fait deux autres figures, aussi en marbre et de 6 pieds de proportion comme la première, le maréchal de Vauban et le che-valier Bayard, qui ornent la galerie du palais des Tuileries. Une foule d'autres travaux ont illustré Charles-Antoine Bridan.

MAIS les Romains ne se bornoient pas aux seules carrières de l'Italie les plus éloignées de la capitale du monde ; ils portoient l'ambition du grand et du solide jusqu'à mettre à contribution l'Afrique, fameuse par ses productions en marbre et en granit. Le Panthéon à Rome et d'autres monumens le prouvent. En l'absence de ces témoins irrécusables, Horace nous l'apprendroit.

« L'ON ne voit point, dit-il, dans ma demeure des colonnes extraites de l'extrémité de l'Afrique (1). »

LA France possède de riches et abondantes carrières : elle ne sera point obligée de porter son or à l'étranger pour avoir des pierres capables d'une solidité égale à celle qui distingue les édifices de l'antiquité. Les Vosges et la Normandie fourniront les granits propres à nos besoins. Paris, où les monumens du premier rang doivent être principalement érigés ; Paris obtiendra tous les secours nécessaires de ces carrières précieuses. Il existe d'ailleurs, dans son voisinage, des masses excellentes de pierres dures, qui produisent des morceaux de 12 à 15 pieds de long sur 5 à 6 pieds de large, 16 à 18 pouces d'épaisseur (2). Ce n'est pas tout : les roches de grès sont peu distantes de la ville. De plus, la côte de Saillancourt, à l'*ouest* et près des bords de la Seine, distante de douze lieues de la capitale, renferme dans son sein des pierres dures d'une bonne qualité et du plus grand échantillon. Les ponts de Neuilly, celui de la place de la Concorde, l'un construit il y a trente-cinq ans, l'autre depuis dix années, offrent des pierres de cette espèce, d'une longueur

(1) .... Columnas ultima recisas
Africa. . . . .
(2) Les carrières, lieu dit la Remise-sous-Bagneux, au *sud-ouest* de Paris et à une lieue et demie de distance, produisent en second banc, au-dessus du liais,
des morceaux de cette espèce de pierre, d'un échantillon presqu'à volonté. Ces mêmes carrières ont fourni, en 1801, sept morceaux, les uns de 10 pieds, les autres de 11 et 12 pieds sur 5 pieds 6 pouces de largeur.

extraordinaire dans leurs piles, leurs arches et leurs parapets (1);
enfin, un grand nombre de nos départemens produisent de grandes
et belles pierres dures.

IL est donc certain que les architectes français peuvent, comme
les architectes grecs et romains, dédaigner les vaines subtilités de
la coupe des pierres, et construire comme eux les plates-bandes et
les plafonds des péristyles en un seul morceau, et faire les corniches des entablemens avec des pierres de grandes dimensions ;
conséquemment ils peuvent rejetter l'emploi des armatures en fer,
dont l'usage est si dangereux.

ENVAIN m'opposeroit-on encore que le grès, et le granit sur-
tout, seroient d'une dépense énorme à mettre en œuvre : depuis longtems l'usage de la première espèce est connu à Paris. Une partie
de bâtiment de l'ancien couvent des Carmes-Billettes est construit
en grès. Plusieurs trottoirs de nos ponts et de nos quais sont faits
de cette même pierre. J'ai employé dans le grand égoût de Bicêtre
plus de vingt mille pieds cubes de grès ; et entre les morceaux
d'échantillon, celui qui termine le chenal sur la bouche du cône,
a 7 pieds de longueur, 5 pieds de largeur et 2 pieds de hauteur.
Quant au granit, il commence à s'introduire ici dans certaines de
nos constructions ; le prix en est donc abordable. Il n'y a pas de
doute que si le granit, la pierre la plus propre à la fin que je propose, étoit employé de préférence dans nos bâtimens publics, qu'a-
lors les frais de l'exploitation et de l'arrivage se simplifieroient.
Toujours est-il vrai que les carrières de Saillancourt, par leurs
qualités et par leur proximité de Paris, sont capables de fournir

---

(1) L'on voit à l'entrée des Champs-
Elysées, et près de la place, un grand
nombre de morceaux de pierre de Saillancourt ; ils ont, les uns, 6 et 7 pieds
de large sur 9 et 10 pieds de long, d'autres 9 pieds carrés. Leur hauteur est depuis 26 jusqu'à 30 pouces.

à nos besoins en ce genre , et que les matériaux en seroient d'un prix modéré.

MAIS, sous les rapports de la dépense, si l'on fait attention à celle qu'entraîne la construction faite par claveaux avec le secours du fer; celle, par exemple, qu'a occasionné le portique du Panthéon-Français, pour ne parler que de cette partie du temple , on reconnoît aussitôt que la pierre mise en œuvre dans l'entablement , par son appareil compliqué, par ses évidemens , par les déchets considérables dans la taille, a de beaucoup excédé sa valeur intrinsèque. Et si l'on ajoute ensuite les ceintres pour la pose des claveaux , celle des armatures en fer, telles que je les ai décrites dans le chapitre précédent , on trouve un résultat vraiment énorme; ensorte que le même entablement construit en granit eût coûté réellement moins. Eh ! quelle différencé sous le rapport de la durée.

MAINTENANT, je vais appuyer, par des exemples pris au milieu de nous, la possibilité de l'application de la manière des anciens dans la construction des plates-bandes et des plafonds.

A Versailles, les pavillons de la cour de marbre du château , bâtis par Louis XIII , sont décorés d'un péristyle de quatre colonnes d'ordre dorique de 14 pouces de diamètre , dont l'espacement du milieu est de 7 pieds 8 pouces ; les autres , 3 pieds.

LE fut de ces colonnes est d'un seul bloc ; l'architrave et la frise de l'entablement , taillées dans le même morceau, sont composées de trois pierres sur la longueur du péristyle ; l'une embrasse la largeur totale de l'espacement du milieu ; les autres ceux des côtés , et reposent de plus, en retour d'équerre , sur les murs des pavillons. Aucun fer n'est entré dans cette construction. Ces péristyles , qui comptent au moins cent quatre-vingts ans , n'ont point éprouvé de fractures.

A Paris, le premier ordre corinthien du portail du Val-de-Grace a 3 pieds 3 pouces de diamètre ; les espacemens des extrémités ont sur la face 2 pieds 10 pouces ; ceux en retour, 5 pieds à la naissance des chapiteaux. Les plates-bandes de l'un et l'autre espacement sont faites en un seul morceau de pierre dure d'égale longueur, 8 pieds 2 pouces, à raison de leur position respective ; la largeur est 3 pieds, et la hauteur 20 pouces. Les plates-bandes sur les retours de ce tétrastyle, reçoivent toute la charge du fronton ; et après cent cinquante ans révolus, aucuns vices ne les déparent, elles sont dans un état parfaitement sain. Les deux exemples que je cite deviennent la démonstration la plus complète en faveur de ma thèse.

IL n'en est pas ainsi de l'état des plates-bandes dans un grand nombre de monumens construits par claveaux, même de plusieurs faits de nos jours. Les unes sont brisées et ne se soutiennent plus que par les fers dont elles sont armées ; les autres tendent à ruine, malgré les chaînes et les mouffles qui enfilent chaque claveau, malgré les ancres qui les retiennent. Cet état particulier est celui d'édifices construits récemment, composés de colonnes isolées ayant 18 pouces de diamètre, espacées entre elles de 7 à 8 pieds. Si l'auteur de cette production eût réfléchi davantage sur la solidité de sa construction, il auroit fait, comme l'architecte de Versailles, l'entablement en deux assises sur sa hauteur, chacune d'un seul morceau de pierre : les plafonds auroient aussi été composés de pierres d'échantillon. Avec ce procédé, le fléchissement actuel des plates-bandes de ces péristyles sur toutes les faces n'auroit pas lieu ; et la dépense eût été moins forte que celle occasionnée par les claveaux, par les voussoirs et par leurs armatures très-multipliées, sans lesquelles ces édifices consacrés au service public n'existeroient déja plus.

MAIS les grands architectes français n'ont pas seulement imité les anciens dans la construction des plates-bandes ; ils ont, comme eux, mis en œuvre des colonnes d'un morceau de pierre dure ; et le

Louvre, cette source féconde en instructions, et sur l'ordonnance, et sur la construction ; le Louvre nous en offre les plus importans exemples. En effet, les quatre vestibules de ce palais contiennent ensemble 98 colonnes de 24 et 30 pouces de diamètre, toutes d'un seul bloc. Douze de ces colonnes sont isolées, et portent les trois voûtes de celui du côté de l'ouest. De plus, la décoration de sa vaste cour est composée de trois ordres, dont les colonnes au rez-de-chaussée et au premier étage sont aussi d'un seul morceau. Quelques-unes forment avant-corps et sont isolées, les autres sont adhérentes aux façades.

PERRAULT, l'auteur de la superbe colonnade, a fait les deux cimaises rampantes du fronton de ce péristyle d'une seule pierre de dimensions extraordinaires en longueur et largeur (1). Cet architecte ardent pour la perfection de l'édifice qui lui étoit confié, a fouillé les entrailles de la terre, et la nature a récompensé ses recherches laborieuses.

MANSAR, l'architecte du château de Versailles sur le côté du parc, a construit les différens péristyles tétrastyles et octostyles d'ordre ionique qui enrichissent le premier étage de ses immenses façades, avec des fûts de colonnes d'un bloc unique. Les vestibules qui avoisinent la chapelle ont leurs colonnes d'ordre dorique aussi d'un seul bloc.

IL existe beaucoup d'autres exemples en France, de constructions d'un appareil simple et d'un choix de matériaux d'élite, inutiles à citer encore. Je vais faire connoître seulement deux des monumens

(1) La machine ingénieuse qui a élevé à une si grande hauteur ces deux pierres, est dessinée avec une telle précision, qu'il seroit possible de la reconstruire. La gravure, due à Leclerc, fait partie d'un recueil de planches du Louvre et des Tuileries, publiées par Perrault.

dont les plafonds sont construits sans voussoirs. Je prendrai ces exemples, l'un dans l'antiquité, l'autre aux tems modernes. Le premier est le tombeau de Mylasa en Grèce, que nous a transmis Choiseul-Gouffier dans son Voyage pittoresque (1). Le second, les galeries de la cour de l'Hôtel-de-Ville, place de Grève à Paris. De grandes pierres se recouvrent les unes les autres, et construisent les compartimens de leurs plafonds. La durée de deux mille ans de l'édifice grec ; la durée de deux siècles de l'édifice français, sont la garantie que j'offre pour exclure les voussoirs dans les plafonds, conséquemment les armatures en fer. L'Hôtel-de-Ville de Paris est remarquable encore dans les baies des mêmes galeries, qui ont leurs plates-bandes faites en un linteau de pierre. J'ai construit de la sorte toutes les baies des vingt-deux masses de bâtimens des loges des insensées à la Salpêtrière. Je viens d'employer le même procédé dans la restauration de deux pavillons à l'Hospice de l'allaitement.

IL me reste, en terminant ce discours, à indiquer celui des édifices de Paris, dont l'ordonnance composée de péristyles, eût permis la construction de ses plates-bandes et de ses plafonds à la manière des anciens. Je veux parler du portail de St.-Sulpice. Le plan hexastyle entre les tours, a ses colonnes groupées dans une direction verticale et eustyle dans leurs espacemens. Le premier ordre, qui est dorique, a 5 pieds 6 pouces de diamètre, et sur lui s'élève l'ordre ionique. Les masses de la base sont ici en raison du poids et de la charge des parties supérieures ; les voûtes, pratiquées ingénieusement dans les entablemens des deux ordres, ont leurs diamètres proportionnés avec les piedroits. Un pareil plan permettoit de faire les plates-bandes en un seul morceau, et les plafonds sans voussoirs. Cette robuste fabrique est tellement combinée dans ses parties principales, que, si une main barbare veut un jour la détruire, les colonnes se maintiendront toutes dans leur à-plomb les unes après les

(1) Page 144 et suivantes, planches 85, 86, 87, 88, etc.

autres,

autres jusqu'à la dernière , et les honteux produits d'un pareil attentat seront achetés au plus haut prix.

Je te dois cet hommage, portique majestueux ; toi qui m'inspiras l'amour de la construction , toi qui m'ouvris les yeux sur un si grand objet dans l'architecture. C'est en te disséquant (1), si je puis m'exprimer ainsi , que , jeune encore , je découvris cette heureuse dépendance qui existe entre une belle ordonnance et une bonne construction , rapports lumineux que j'ai fait connoître dans la première partie de cet ouvrage (2) , et que je démontrerai plus particulièrement dans cette seconde partie.

Soufflot auroit pu bâtir son temple du Panthéon à la manière des anciens, s'il eût fait sistyle les espacemens du portique, au lieu d'aréostyle qu'ils sont ; s'il n'eût point interrompu les files de colonnes dans les nefs. Avec ces moyens simples , il ne se seroit point épuisé à chercher dans les constructions gothiques , ni dans des théories insuffisantes , des ressources infructueuses et perfides dont il a fait usage pour la solidité de toutes les parties de son bâtiment ; il n'auroit pas emporté avec lui dans la tombe les plus vifs regrets.

Le sujet que je viens de traiter prouve qu'il faut réduire, dans la pratique , la coupe des pierres à ses plus simples procédés ; qu'il faut ne jamais lui faire remplir une fonction première pour la solidité. Conséquemment, les points-d'appui indirects , les encorbellemens, les trompes , les arrière-voussures , les plates-bandes par claveaux , les plafonds par voussoirs , doivent ne plus paroître dans les grandes constructions ; donc, plus d'armatures en fer d'aucune

(1) Inspecteur des travaux qui se sont faits aux tours en 1776 et les années suivantes , j'ai dessiné les différens plans , les coupes et les élévations qui constituent ce grand monument.

(2) Principes de l'ordonnance , etc. Chap. XXXIV , pages 199, 200 , etc. , première partie.

E

espèce. Ainsi, la solidité désormais sera réelle dans nos bâtimens, au lieu d'être factice comme elle existe dans trop de ceux construits sous nos yeux.

Envain l'on opposeroit contre la proscription générale que je fais, des constructions où l'art du trait brille davantage; entre elles le pavillon de l'hôtel de Toulouse, sur la rue des Bons-Enfans, qui est comme suspendu en l'air sur une arrière-voussure, et qui, malgré sa masse importante, existe intact depuis longtems. Il n'en est pas moins vrai qu'indépendamment de l'aspect choquant de ce pavillon, auquel il manque un soubassement naturel, qu'un seul des voussoirs de l'encorbellement étant ruiné, la chute de l'édifice seroit inévitable : donc, cet exemple ne peut servir d'autorité; jamais il ne sera imité dans une belle ordonnance, ni dans une construction d'une véritable solidité.

La théorie que j'enseigne ici est ma règle dans la pratique. Récemment, j'avois à soutenir un mur de 56 pieds de hauteur, qui étoit en porte-à-faux des deux tiers de son épaisseur, sur une base de 30 pieds y compris les fondations. Au lieu donc d'adopter des encorbellemens d'un appareil compliqué qui rachetassent l'hors d'à-plomb des masses supérieures, je formai sur cette base reconstruite, et à des distances étudiées, des corps saillans qui soutiennent, en points-d'appui directs, ce mur de 56 pieds d'élévation. Ainsi, dans cette construction, la coupe des pierres est rappelée à ses plus simples procédés.

Les moyens indiqués dans ce discours, pour parvenir à l'imitation complette de la manière des anciens, dans la construction des plates-bandes, des plafonds et des entablemens des édifices publics; ces moyens, je le pense, satisferont les architectes les plus épris de la perfection de leur art. Les raisons, les exemples qui les appuient, dissiperont l'irrésolution de ceux qui pourroient hésiter encore à abandonner la construction des plates-bandes par claveaux, soit dans les péristyles, soit dans les baies quelconques, et celle des plafonds avec des voussoirs. L'expérience les convaincra aussi de la nécessité de ne construire qu'en pierre dure, la meilleure et d'échantillon, les entablemens et les profils de toute nature. C'est l'expérience qui m'a déterminé à exécuter les entablemens de l'hôpital Cochin, de celui de la Pitié, du Mont-de-Piété, sur la rue de Paradis, etc., etc., les uns en pierre dure, les autres en Vergelée, au lieu de celle de St.-Leu, de Conflans (1), que l'humidité décompose rapidement. Les grands exemples que j'ai cités plus haut attestent cet effet désastreux. La reconstruction récente de l'un des angles du fronton qui couronne l'ordre ionique de la place du Panthéon-Français, bâti en pierre de St.-Leu il y a vingt-cinq ans, en est une nouvelle preuve (2).

MAIS, que l'on y réfléchisse, avec la méthode que j'établis dans ce chapitre, ne confiant plus la solidité de nos bâtimens qu'aux points-d'appui directs seuls; dédaignant tout système nouveau de constructions, nous serons affranchis des erreurs auxquelles exposent souvent les théories transcendantes sur l'équilibre des masses entre elles, la force spécifique des matériaux de toute nature, la pierre, le bois et le fer. De plus, avec cette même méthode, le génie de l'architecte crée, combine librement et avec succès les élémens de ses constructions. Désormais, les colonnes dans les péristyles, au lieu d'être appareillées dans leurs plates-bandes par claveaux qui tendent à les renverser elles-mêmes, unies par les blocs des architraves et des entablemens, unies par les blocs des plafonds intermédiaires, ces groupes heureux seront les culées naturelles et puissantes contre la poussée des voûtes intermédiaires, que les distributions des grands édifices appellent souvent dans la composition de leurs plans. Enfin,

(1) L'entablement et le fronton de la colonnade du Louvre sont en pierre de St.-Leu.

(2) L'entablement et le fronton du portique du Panthéon-Français sont en pierre de Conflans-Ste.-Honorine.

avec la méthode que je recommande, les temples, les palais, les arcs de triomphe, etc., etc., transmettront aux générations éloignées la beauté, la sagesse, le savant et la force de nos constructions.

FASSENT les destinées de ma patrie, que la paix actuelle dont nous jouissons ; la paix et la fortune publique, sa compagne ordinaire, permettent au Gouvernement, inspiré par des vues nobles et grandes, de faire ériger d'utiles monumens, dont les plans soient conçus par le génie de l'architecture, rédigés par la science de la construction, et modelés en tout d'après les formes et la structure antiques. Alors, la France jouira du fruit de ses dépenses en bâtimens, et les architectes perpétueront chez nous la juste célébrité qu'ils ont acquise dans l'Europe depuis le règne à jamais mémorable de François premier.

DE L'USAGE DU FER

DANS LES

BATIMENS PARTICULIERS.

———————

J'AI proscrit, sans exception, tout emploi des gros fers dans la construction des bâtimens publics, et j'ai donné les moyens de n'avoir point recours à cet agent auxiliaire ; mais il est impossible de l'exclure en totalité dans les bâtimens particuliers. En effet, le grand nombre de cette espèce, la difficulté en conséquence d'obtenir de nos carrières les pierres d'échantillon propres pour les plates-bandes, les entablemens, les plafonds et les baies de toutes les grandeurs qui s'y rencontrent; les équipages importans que la manutention de blocs volumineux nécessiteroit, sont les causes générales qui exigent dans les constructions du second rang l'appareil par claveaux, et dès-lors, l'usage du fer. De plus, comme dans les bâtimens ordinaires la grosseur des murs n'est jamais proportionnée à leur hauteur ni à leurs espacemens respectifs, il faut y subvenir et les défendre de mouvemens qui leur seroient plus préjudiciables que l'emploi du fer même.

NOUS avons appris par Vitruve qu'à Rome, malgré la richesse des citoyens, les architectes, dans la plupart des bâtimens particuliers, se servoient par économie des pierres de son territoire,

quoique tendres et de médiocres qualités. Cependant , ils ne faisoient point usage du fer dans aucune de ces constructions.

LES anciens n'élevoient point dans les villes les édifices du second
rang de six et sept étages, comme le font les modernes. Un sou-
terrein, un rez-de-chaussée, un seul étage , dans lequel étoit le plus
souvent pratiqué un entresol, formoient leur hauteur totale. Les
habitans de la Grèce , religieux observateurs des usages de leurs
ancêtres , construisent encore leurs maisons d'un étage ; ce que
Guys nous apprend dans son Voyage littéraire. Il résultoit d'une
pareille disposition, la possibilité de donner aux murs des épaisseurs en raison de leur élévation et de l'espace qui existoit entre
eux. Les diverses sortes de baies étoient, les plus grandes , de forme
plein-ceintre, appareillées par claveaux; celles inférieures, en plates-
bandes faites d'un seul morceau de pierre ; souvent les unes et les
autres étoient construites en briques. Quant aux architraves d'une
certaine longueur , elles étoient en charpente revêtue de tables de
métal , enrichies de compartimens qui permettoient à l'air un libre
accès. Une telle enveloppe n'avoit pas les inconvéniens de nos en-
duits , qui favorisent la décomposition des bois par l'adhérence à
leurs parois. Ces bâtimens encore obtenoient de la perfection de
leur structure , une liaison complette entre tous les matériaux mis
en œuvre, et une grande solidité.

Ce n'est pas tout : les maisons des Grecs et des Romains , peu
élevées et construites selon les principes naturels , offroient une variété piquante, qui laissoit aux édifices publics d'une plus grande
hauteur toute la prééminence qui leur appartenoit. Chez eux , les
genres , les espèces d'ordonnance étoient distincts ; les genres et les
espèces de construction étoient marqués , rien n'étoit confondu.

OR, comme les bâtimens du second rang dans nos villes n'ont
pas les proportions de ceux des anciens , il faut avoir recours aux

armatures en fer, ainsi que je l'ai dit en commençant ce discours, dont l'objet est de déterminer les parties seules où l'on doit s'en permettre l'usage. Et les édifices publics étant les plus faciles à consulter, parce qu'ils contiennent toutes les espèces d'armatures, je prendrai dans leurs constructions, pour les bien faire connoître, les exemples de l'application des fers, qui ne devra plus être admise que dans les bâtisses ordinaires.

LA première espèce d'armature et la plus simple consiste, pour les plates-bandes, en des barres de fer encastrées au-dessous des claveaux ; pour les murs et les entablemens, ce sont des chaînes posées entre les lits des assises, fixées à leurs extrémités par des ancres. Le portail de St.-Gervais, celui des Quatre-Nations, et la colonnade du Louvre, sont armés dans leurs architraves de pareils fers. La porte St.-Denis a, dans son entablement, de semblables chaînes garnies de moufles et de clavettes.

AU portail de St.-Gervais et des Quatre-Nations, les linteaux de fer sont inutiles, sur-tout au premier de ces édifices, où les colonnes sont engagées dans les murs. Le fer est également inutile au péristyle du Louvre dans sa façade, malgré la grandeur des espacemens qui est de 13 pieds. Parce qu'ici, les linteaux encastrés dans les sophites des architraves, n'ont pour fonction que de soutenir les claveaux qui composent chaque plate-bande, et dont les points-d'appui sont d'une force complette. En effet, la frise, la corniche et l'accrotère supérieur sont indépendans du premier membre de l'entablement, au moyen de la décharge qui repose sur les sommiers des colonnes couplées ; appareil semblable à celui du frontispice du temple de St.-Louis, rue St.-Antoine (1). Mais dans cette

(1) Cet édifice important a été construit par Deran, auteur d'un Traité de la coupe des pierres. Il vivoit sous Louis XIII.

grande construction, les armatures sont indispensables placées telles qu'elles existent, dans une direction verticale à la façade, au-dessus des architraves qui dessinent les plafonds des galeries. Ces fers contiennent la poussée de leurs claveaux particuliers : sans eux la colonnade manqueroit de liens utiles.

LES péristyles de la place de la Concorde ont leurs entablemens construits avec de pareilles décharges pratiquées dans la frise. Les péristyles extérieurs et intérieurs du Panthéon-Français ont des arcs semblables ; mais les armatures des premiers sont ordinaires, tandis que dans les derniers le fer y remplace en totalité les points-d'appui qui leur manquent.

IL convient de remarquer que les plates-bandes du portail de St.-Louis ne sont point armées de fer, avantage précieux dont il jouit seul entre nos édifices appareillés par claveaux. Les décharges elles-mêmes, pratiquées dans la frise, sont en quelque sorte surabondantes, à cause de l'union des colonnes avec les murs. Mais, loin d'en faire un reproche à l'auteur savant qui les a employées, cet exemple est une preuve de tous les moyens de force que les architectes les plus expérimentés appellent dans leurs constructions.

L'ESPÈCE d'armature que je viens de décrire a été généralement adoptée jusqu'au milieu du dix-huitième siècle dans les constructions des péristyles, de même que dans le corps des murs de face et de distributions des bâtimens.

LA seconde espèce différencie de la première, en ce que les barres de fer dans les plates-bandes sont posées sur l'extrados des claveaux ; elles enfilent des T simples ou doubles encastrés dans les coupes. Ces pièces se multiplient et s'assemblent diversement selon l'effort plus ou moins grand de la charge des claveaux qu'elles soutiennent. Le portique d'ordre dorique de l'hôpital Cochin est armé avec de
simples

simples T (1). Les plates-bandes du vestibule du Mont-de-Piété sont
consolidées par une ferme en fer, garnie d'entrait, de poinçon et
d'arbalestriers, de liens portant de doubles T (2). Les points in-
variables qui m'étoient donnés, ont exigé une pareille mesure; je ne
disposois que de 11 pouces pour la coupe des claveaux.

Je ne citerai point d'exemples de l'application de cette seconde
espèce d'enchaînement dans la construction des murs, laquelle consiste en des chassis de fer plus ou moins nombreux, garnis d'entre-
toises, d'équerres et d'autres pièces, posés à un ou plusieurs rangs,
pour retenir les écartemens des constructions foibles dans lesquelles
rien n'a été calculé pour la solidité. Ces fers font le même office que
les cordages qui retiennent un vaisseau sur l'ancre, soumis comme
eux à se rompre, et dans ce cas le bâtiment est perdu. C'est
l'état des édifices publics que j'ai signalés dans le chapitre de la décadence de l'architecture à la fin du dix huitième siècle, lesquels dépendent dans leur durée de la rupture d'un seul des assemblages
des chaînes qui les lient.

La troisième et dernière espèce d'armatures appelle dans sa composition un nombre prodigieux de pièces diverses qui, dans les entablemens des péristyles, enchaînent entièrement leur appareil; tous
les élémens des deux premières espèces se réunissent pour former
celle-ci, que nos jours ont vu naître et s'accréditer. Les deux plus
importans exemples qui en existent sont les portails de l'église des
Protestans à Genève et du Panthéon à Paris. La gravure en a mul-
tiplié les dessins (3); et la description particulière que j'ai faite du
mécanisme des pièces de fer du second de ces temples, distingue
assez cette troisième espèce d'armature. C'est la même qui remplit

(1) Voir la collection de mes gravures.

(2) Les dessins feront partie de ma collection gravée.

(3) Recueil des divers détails pour le
temple de Ste.-Geneviève, publiés par
Dumont, en 1781.

une fonction principale dans la construction du Théâtre français, rue de la Loi.

MAINTENANT, examinons quel est l'usage que l'on peut se permettre de l'une ou l'autre de ces trois espèces d'armatures, soit dans les entablemens des péristyles, soit dans les baies de portes ou de croisées, soit dans le corps des murs des bâtimens du second rang dont il s'agit.

J'OBSERVERAI qu'entre elles, la première espèce et la plus simple, qui ne consiste qu'en des barres de fer toujours apparentes dans les plates-bandes, réunit le double avantage d'être foiblement exposée aux accidens de la rouille, et de rendre presque nulle dans ses effets la dilatation du fer; conséquemment, de se maintenir dans une immobilité parfaite. Et quoique les plates-bandes du péristyle du Louvre, soutenues seulement par deux linteaux de fer entre chaque entre-colonnement, aient leurs claveaux éclatés près de l'avant-corps, il n'en est pas moins vrai que si leurs armatures eussent été plus compliquées, les plates-bandes entières auroient disparu après les atteintes extraordinaires d'humidité qu'elles ont éprouvées.

EN considérant cette même espèce d'enchaînement pour la confortation des murs, l'on apperçoit qu'elle n'en divise pas les parties, qu'elle ne sert que d'entretien, et n'y remplit, comme elle le doit, qu'une fonction secondaire. Ces caractères particuliers lui assignent le droit presqu'exclusif d'être appelée dans leurs constructions.

LA seconde espèce, plus compliquée que la première, a ses chaînes, ses T, et toutes ses pièces accessoires dérobées à la vue; les barres principales qui la composent n'exigent pas d'être encastrées dans les claveaux lorsqu'ils ont un foible extrados; la tranchée pour les contenir s'opère dans le lit de dessous de l'assise supérieure. Voilà lés qualités qui la distinguent; mais la diversité des parties qui appartiennent à cette espèce, les T souvent mal forgés, les calles de fer dont on ne peut se passer, sont autant de causes qui provoquent un mouvement plus ou moins grand lorsque les claveaux prennent charge, et qu'une forte pression s'opère dans les coupes. Ce n'est pas tout : si l'humidité atteint ces mêmes pièces, leur nombre donne d'autant plus de prise à la rouille, et par suite à la rupture des pierres. Or, cette seconde espèce d'armature étant exposée à des inconvéniens aussi graves, elle doit perdre beaucoup de la faveur qu'elle a obtenue depuis quarante ans. Ainsi, il ne faut l'admettre que dans des cas particuliers, et le faire avec les soins les plus grands pour atténuer au moins une partie des accidens auxquels elle expose réellement.

JE ne dirai qu'un mot sur cette même espèce employée dans le corps des murs. Elle ne doit jamais y être admise, puisque sa fin seroit de suppléer à la foiblesse des masses; ce qui seroit une construction vicieuse, que l'art de bâtir condamne.

QUANT à la troisième espèce, elle doit, comme je l'ai dit, sa naissance aux nouveaux systêmes de construction, et à l'application immodérée dans la pratique des théories des sciences exactes, à l'ambition de faire briller l'appareil des pierres, et à la faveur accordée aux points-d'appui indirects. Les chaînes, les T, les entre-toises, les tirans, les supports, les ancres, les équerres, ces pièces très-multipliées exposent à des accidens de la rouille incalculables, et les effets dangereux de la dilatation des fers y sont très-importans.

IL existe une grande différence, je dois le dire, entre cette troisième espèce d'armature et la seconde, considérées l'une et l'autre, mises en œuvre pour la solidité des grandes parties d'un édifice. Car tandis que celle-là est le fruit, chez certains constructeurs, de l'amour de la nouveauté dans l'art de bâtir et de leurs connoissances en mathématiques; celle-ci, la seconde, n'est que le résultat de tâtonnemens de la part d'architectes inhabiles.

CEPENDANT, malgré l'extrême différence de la source où la dernière des armatures a été puisée, et dont l'usage ne peut avoir lieu que dans les grandes constructions, dans lesquelles j'ai démontré qu'il ne faut point employer le fer; comme cette même armature est dans l'impuissance de consolider efficacement les édifices, ce qui a été tenté envain; que d'ailleurs elle renferme tous les germes possibles de destructions que les combinaisons les plus savantes ne peuvent empêcher d'éclorre, il n'y a donc pas lieu d'y avoir recours dans les bâtimens particuliers, et jamais un bon plan n'en exigera l'application.

AINSI, là où il faudra employer le fer, la première espèce d'armature est la seule que l'on admettra; elle seule veut que l'architecte compose ses plans dans des rapports tels, que le fer ne remplisse qu'un office secondaire pour la solidité des bâtimens du second rang.

QUOIQUE je vienne de déterminer le mode unique de l'emploi des gros fers, je ne lui assignerai néanmoins qu'un cercle étroit dans les constructions.

J'ÉTABLIS pour règle : l'appareil par claveaux n'aura plus lieu que dans les plates-bandes à compter de 6 pieds de longueur; toutes celles de dimensions inférieures seront faites en un seul linteau de pierre. L'espèce sera en roche de 16 et 18 pouces d'épaisseur, de 12 à 15 pouces de portée sur les piedroits construits en pierre dure; les linteaux seront en vergelée ou en pierre de Trossy dans les murs faits en St.-Leu. Au-dessus de ces divers linteaux, l'on pratiquera constamment des décharges, soit en ogif, en demi-cercle, en segment ou en un seul morceau appareillé en coupe, selon la nature de la bâtisse.

UNE remarque importante est l'économie qui résultera de cette manière de construire les plates-bandes ; elle peut s'évaluer au tiers de la dépense totale que l'appareil par claveaux occasionne.

MAINTENANT appuyons, par des exemples déja anciens, l'emploi des linteaux de pierre : j'en citerai deux seulement entre la foule qui en existe ; l'un à l'hôpital de la Salpêtrière, l'autre à celui des Incurables. Ces bâtimens comptent plus d'un siècle, et la pierre unique qui sert de linteau dans des baies de croisées de 3 et 4 pieds de largeur, n'offre de fractures dans aucune, quoique l'assise supérieure de la corniche ne soit pas appareillée en coupe, comme elle auroit dû l'être. J'ajouterai à ces exemples, sanctionnés par le tems, celui particulier et nouveau de baies construites avec de pareils linteaux à l'hospice de l'Allaitement, les unes ayant 3 pieds, les autres 4 et 4 pieds 6 pouces de largeur, et toutes avec des décharges.

MAIS, dira-t-on, un seul morceau de pierre mis en œuvre de la sorte peut se rompre par bien des causes ; ce sont des fils et d'autres vices qui s'y rencontrent souvent. C'est sur-tout l'incompressibilité de la matière qui résiste aux plus foibles tassemens. C'est encore la négligence ordinaire dans la pose. De plus, l'on sait qu'il est d'usage de ne point engager les appuis des croisées dans les murs, à leurs extrémités, afin d'éviter les ruptures fréquentes qui s'opèrent dans le milieu, et qu'attestent plusieurs constructions. Or tous ces inconvéniens réels n'existent pas avec les plates-bandes par claveaux.

J'OBSERVERAI d'abord qu'il est possible d'éviter les fils et les autres vices des pierres. Quant à la négligence des ouvriers, il faut la surveiller, particulièrement dans les parties qui pourroient compromettre la solidité. L'architecte doit être rigoureux sur l'exactitude dans la manipulation de ses bâtimens. A l'égard des effets résultans de l'incompressibilité de la pierre, lors des tassemens, l'on y obviera par les moyens suivans.

Tous les murs de face et de refend auront leurs fondations arrasées sur un niveau parfait. Les cours d'assises en pierre auront leurs lits de dessous parfaitement ébousinés ; tous seront posés sur de simples calles en bois , et non pas sur des éclats de pierre, pratique vicieuse et trop usitée.

S'IL existe quelque doute sur la bonté des fondations , alors on construira par claveaux le seuil des portes et le soubassement entier des baies de croisées au rez-de-chaussée (1). L'on pratiquera constamment des décharges au-dessus des linteaux. Et pour éviter tout accident à craindre de la main-d'œuvre, l'on posera sous les plates-bandes deux pointails ou étais couronnés d'un chapeau , avec des calles intermédiaires susceptibles de compression ; et cette espèce de ceintre , nullement nécessaire à la pose , restera en place jusqu'à l'entière confection du bâtiment (2).

SI , malgré ces moyens efficaces et réalisés par l'expérience dans mes constructions , l'on persistoit à craindre la rupture des linteaux de pierre, je dis que dans cette hypothèse elle se réduiroit à une simple félure , nulle dans ses conséquences et par la bascule qui existe dans les portées , et par la pression des parois dans les nouveaux joints.

JE citerai à l'appui de cette assertion la plate-bande du portail corinthien du temple de la Visitation , rue St.-Antoine, faite en un seul morceau de pierre. Elle est félée dans son milieu par l'effet des tassemens qui n'a en rien compromis sa solidité. Ce monument est dû au célèbre François Mansar.

(1) Ce moyen est celui que j'ai employé à l'hospice de l'Allaitement , en reconstruisant sur des fondations incertaines,

(2) J'ai usé de cette précaution dans le même hospice de l'Allaitement , et qu'il faudroit bien se garder d'employer sans l'intermédiaire de calles entre le chapeau et la pierre.

MAIS que l'on y fasse attention : les plates-bandes des baies en claveaux, soutenues par des fers, sont tellement soumises à l'action des
tassemens, que la majorité de celles des bâtimens de Paris ont plus
ou moins de leurs claveaux éclatés et rompus. Donc, les plates-
bandes faites en un seul morceau doivent être préférées sous tous les
rapports.

LES explications précédentes excluent toute autre armature en fer
que la première espèce, qui d'ailleurs ne sera employée que dans les
plates-bandes de 6 pieds de longueur et au-dessus. La même armature servira exclusivement dans le corps des murs, et selon les proportions suivantes.

LES bâtimens ayant un premier et un second étages, n'auront
qu'une chaîne, toujours faite avec des mouflles, posée dans le plan
de la corniche ; ceux de trois et quatre étages, seront garnis de deux
chaînes, l'une au deuxième plancher, l'autre au dernier, et ce
nombre suffira dans les deux cas déterminés ; car, je ne saurois trop
insister sur ce point. La solidité d'un mur dépend essentiellement de
ses proportions, de sa structure, et de l'enchaînement des matériaux
qui le composent.

L'EMPLOI du fer, selon que je l'enseigne, se réduit de beaucoup dans
les bâtimens construits en pierre, et pour les plates-bandes, et pour
le corps des murs ; le fer remplacera le bois dans toutes les baies
des parties faites en moellon. Au lieu donc de linteaux de bois, le
moellon ou la brique en composeront les claveaux ; et à raison des
foibles dimensions de ces matériaux, les plates-bandes seront consolidées par des barres de fer placées, l'une dans la feuillure des ta-
bleaux, l'autre à 2 pouces de l'ébrâsement, et encastrées de leur
épaisseur.

TELLE est la construction des baies dans les murs en moellon de l'hôpital Cochin, tandis que les portes de 9 pieds d'ouverture sont appareillées par claveaux de pierre appuyés sur des piedroits. Ces plates-bandes de 21 pieds de longueur ont leurs sommiers à-plomb des dosserets dans les angles des cours, conséquemment quatre points-d'appui différens. Dans cet édifice, le bois n'est pas combiné avec la maçonnerie pour la solidité ; chaque nature de bâtisses y remplit sa fonction propre.

Mais si les fers employés avec de grandes dimensions, en auxiliaires dans la construction des bâtimens, ont fourni la matière principale de ce chapitre, les mêmes fers, tels que les crampons, les goujons, les agraphes, etc, etc., doivent maintenant fixer notre attention.

Les menus fers comme armatures, sont aussi d'usage dans les édifices publics et dans ceux particuliers. Dans les premiers, ils unissent les carreaux et les boutisses lorsque les murs sont d'une forte épaisseur ; ils servent à convertir en un même tout les morceaux différens qui composent chaque assise. Servandoni les a employés pour cette fin dans le mur de dossier du troisième ordre corinthien de son portail de St.-Sulpice. Cet ordre a été démoli en 1777.

Il n'est pas extraordinaire que l'usage des crampons, dû aux anciens, dans le genre de constructions dont il s'agit, ne se retrouve pas dans des démolitions gothiques, telle que l'église des Chartreux à Paris, pour ne citer que cet exemple, où les murs et les éperons sont construits avec des carreaux et des boutisses qui n'ont ensemble que 6 pieds d'épaisseur. Mais on a lieu d'être surpris que les écuries anciennes des Tuileries, construites par Philibert Delorme, dont les murs ont 4 pieds, faits également en carreaux et boutisses, n'offrent point de crampons.

Les menus fers sont nécessaires dans les grandes restaurations ; ils accrochent

accrochent les parties nouvelles avec les anciennes. La tour du nord du portail de St.-Sulpice, terminée il y a vingt-quatre ans ; le palais du Luxembourg, auquel on travaille encore ; le bâtiment des grands infirmes à la Salpêtrière, que j'ai restauré il y a peu d'années (1), sont des exemples de constructions où les crampons ont été d'une utilité absolue ; ils concourent, dans ces édifices publics, à la solidité. Mais il n'en est pas ainsi de l'usage des menus fers dans les bâtisses ordinaires ; il ne font que fixer des dalles et des placquis, la seule restauration que l'on puisse s'y permettre.

Si les gros fers veulent une étude particulière dans leur application, pour conforter avec succès certaines parties des constructions, les menus fers exigent les mêmes soins.

Les crampons, dans les constructions neuves, sont faciles dans la pratique ; les crampons, dans les restaurations, ne peuvent s'employer indistinctement ; ils ne doivent pas être admis dans celles qui auroient moins de 30 pouces de mur.

D'abord, la solidité dépend beaucoup de la liaison des matériaux, et cette liaison ne s'opère que par l'enclavement des parties en-deçà et au-delà de leur axe, qui est le plan du centre de gravité.

Ensuite : les pierres dans une restauration doivent être liées dans les murs ; les plus courtes, de la demi-hauteur de l'assise, et les plus longues, de sa hauteur entière au moins. Ces proportions sont déterminées et pour leur assiette et pour leur accrochement. L'on apperçoit, d'après ces conditions imposées par la nature même des corps, pourquoi les murs au-dessous de 30 pouces d'épaisseur ne peuvent être restaurés par incrustations.

(1) Ce bâtiment est compris dans ma collection gravée.

G

EN effet, un mur de 24 pouces ruiné dans l'un de ses paremens, si l'on veut le restaurer, doit être excavé dans une profondeur de 12 pouces (hauteur moyenne des assises en pierre). Il faut de plus faire les scellemens nécessaires dans les parties conservées ; donc, le centre de gravité n'a plus ses points fixes, il reste soumis à des mouvemens dangereux ; donc, les incrustations sont impraticables dans un mur de 24 pouces d'épaisseur, et les crampons y deviennent non-seulement inutiles, mais même dangereux.

IL résulte de cette démonstration que les murs dégradés et de foible épaisseur, ne peuvent recevoir que de simples revêtissemens de 2 et 3 pouces environ, fixés par des crampons et des agraphes, dont l'action est étrangère à leur solidité propre. Suspendre le progrès des dégradations, est le seul but à remplir par leur moyen.

IL est encore d'autres usages des crampons dans les bâtimens, mais que condamne l'art de bâtir : ce sont ceux que les ouvriers se permettent de sceller dans les lits des assises où se rencontrent des fils ; ce sont ceux à l'aide desquels, dans des constructions nouvelles, ils lient les placquis en remplacement de pierres parpaignes que proscrit la solidité dans des murs de 18 et 24 pouces d'épaisseur. J'ai été chargé de reconstruire plusieurs parties d'un bâtiment neuf, confié à des mains ignorantes qui l'avoient armé de pareils crampons.

CES observations sur l'emploi des menus fers sont d'autant plus nécessaires, qu'il est trop d'exemples, de nos jours, de constructions et de restaurations où l'on s'y livre immodérément. Il s'exécute à l'instant même de semblables travaux dans des murs qui ont à peine 15 pouces d'épaisseur, dont les carreaux de pierre neuve tiennent leur unique liaison des seuls crampons, soumis d'ailleurs à une prompte décomposition par les humidités de nature différente auxquelles ils sont exposés; et, ce qui est remarquable, la dépense en est plus forte que celle des parpaings, qu'on eût dû mettre en œuvre exclusivement

dans cette même restauration. Il importe donc de prescrire aux élèves les règles qu'ils doivent suivre dans l'usage de cette espèce d'armature et pour la solidité et pour l'économie.

AVANT de terminer ces recherches sur l'emploi des fers de toute espèce dans la construction des bâtimens, je dois dire qu'il ne faut jamais négliger d'en imprimer aucun, et à plusieurs couches, à l'huile
ou au vernis. Cette simple omission laissant prise à la rouille,
il en résulte des déchiremens dans les façades, qui provoquent
la ruine des murs, sur-tout de ceux dans le milieu desquels les
ancres sont scellés, comme cela se pratique dans les constructions toutes de pierre. Les exemples de ce genre d'accident, sont très-
multipliés dans Paris. Récemment, une maison sur laquelle je fus
consulté, a failli être démolie par cause des effets de la rouille des fers
dans ses points principaux.

UNE remarque intéressante à faire, et qui est la suite de toutes
celles relatives aux effets du fer dans son usage, est que la rouille
n'est pas le plus à craindre à l'époque de la construction, où l'aridité
de la pierre absorbant l'humidité des mortiers, ne laisse qu'une foible prise à la décomposition du fer. Ce métal est bien plus exposé à
cet accident, lorsqu'il est atteint par une humidité continue, comme
cela arrive dans la plupart de nos bâtimens, et dont nous avons donné
les plus grands exemples. Ces considérations diverses légitiment les conditions rigoureuses que j'ai établies sur les armatures de toute espèce.

LES principes que renferme ce discours font le complément de ceux
contenus dans les deux précédens. Ils ont pour but de produire un
changement utile dans la construction des bâtimens publics et particuliers ; et, qu'on le remarque, on opérera ce changement dans la
manière de bâtir, en rétablissant ces antiques voies si sûres, si solides,
ouvertes et pratiquées par les anciens, et hors desquelles il n'est que
dangers.

D'AILLEURS, les dissertations qui composent mes différens ouvrages

qui se lient à celui-ci, je veux dire celles sur les points d'appui indirects, sur l'emploi du fer et de ses effets, celles sur la construction des
plates-bandes à la manière des Grecs et des Romains, ces dissertations sont faites pour rappeler l'architecture dans l'exécution à ses vé-
ritables principes, et la garantir des effets dangereux qu'une fausse
doctrine a causés de nos jours dans plus d'un édifice, et de tous les
rangs. La déchéance de cet art est maintenant complette dans l'opinion publique, spécialement sous les rapports de la construction.
Car tandis qu'une classe de gens, par esprit d'association, et c'est la
plus dangereuse, s'efforce à refuser aux architectes la science des
grandes fabriques, par faute, selon elle, des connoissances étendues
que cette partie exige, une autre classe, que ce reproche regarde,
fait si peu de cas de l'art de bâtir, qu'elle confie avec autant de lé-
gèreté que d'imprudence, à des ouvriers, des constructions qui res-
tent soumises aux chances désastreuses de la témérité et de l'imprudence. J'ai été dans le cas de donner mon avis dans des opérations
qui s'exécutent avec un mode si vicieux, et j'ai empêché que l'on
n'érigeât un escalier en charpente de deux étages, qui ne devoit
avoir pour base que des poutres.

JE desire avoir assez précisé mes idées dans ce discours sur les
constructions où le fer peut être employé, pour que le lecteur instruit
les accueille, et que les élèves se familiarisent avec elles et les adop-
tent. Je desire que l'architecture, attaquée dans toutes les branches
qui lui appartiennent, par tant de causes diverses que j'ai successive-
ment fait connoître (1), soit maintenue en vigueur; ensorte que le
besoin bien senti de la perfection de cet art, et par ceux qui l'exercent, et par ceux qui en usent, il recouvre son ancienne dignité.

(1) Principes de l'ordonnance, etc.   Décadence de l'architecture à la fin du
Chapitre VI.   dix-huitième siècle.

F I N.